Ek Talaash

Khudko jaan lene ki

Amrita Mohanty

BookLeaf Publishing
India | USA | UK

Made with ❤ on the BookLeaf Publishing Platform
www.bookleafpub.in
www.bookleafpub.com

Dedication

ये किताब कान्हा के नाम,
क्योंकि जब कोई साथ नहीं दिया,
तब उन्होने रास्ता दिखाया।

" **राधे राधे** "

Preface

ये जो भी सब्द इस किताब में पिरोये गए हैं,
वो दिल की बातें हैं
जिन्हे बहुत मुश्किल से शब्दों में पिरोये गए हैं,
ये कोई बनी बनाई कहानी नहीं,
ये दिल की अरदास है
जो हमने महसूस किया है,
ये एक वक्त की ज़ुबानी नहीं,
ज़िंदगी भर की दास्ताँ है,
इन सब भावनाओं में हम हैं,
इन्हे हमने जिया है,
कभी घुट घुट के
तो कभी खुसी से।
ये दिल जब भी किसी पे आया है,
तो बस दर्द मेहसूस किया है,
कभी उनके न मिलने का,
कभी उनसे मिलके बिछड़ने का,
कभी उनके लिए पराया बनके रहने का।
मगर दिल का क्या है,
जब कहीं लग जाता है,
तो पूरे ज़िन्दगी को बदल जाता है।

कभी जो हमारे साथ टिक न पाई उस वक्त की वर्णना है,
क्या करें जो ये दिल कैद में न रख पाए,
हमने वो सब महसूस किया,

कभी जो हमारे साथ टिक न पाई उस वक्त की वर्णना है,
क्या करें जो ये दिल कैद में न रख पाए,
हमने वो सब महसूस किया,
जिसे दुनिया को कभी व्यक्त न कर पाए,
जिसे दुनिया ने कलंकित घोसित किया,
हम अपने जिंदगी में वो सब मेहसूस किए।
मगर कभी किसी औरों को या किसी घटना को
देख के या सुन के हमें कुछ मेहसूस हुआ है,
या कोई न कोई बात दिल में आई है,
तब हमने उन भाबनाओं के बारे में लिखा है.
ये कवितायेँ मात्र दिल की आवाज़ हैं,
जो हमें सुरीली लगती हैं।
पसंद आए तो इन्ही व्यक्त पलों में जी लेना,
और न भाए तो किसीका बुरा सपना सोच के भूल जाना।
मगर है कसम तुम्हें की जब इन कविताओं को पढ़ो
तब बस इनमें डूब जाना।

Acknowledgements

जो हम किसीके ज़िन्दगी में कोई मुख्य भूमिका न निभा पाए, तो इस किताब की क्या मजाल। चाहे जितना कोशिश करलें, कभी किसीके लिए कुछ बन न पाए। अब दुःख इस बात का रह गया की हम उनके न बन पाए तो भी सेह लेंगे, मगर जो खुदके न हो पाए उसका क्या करेंगे। ज़िन्दगी में हज़ार मोड़ आए , मगर हम फिर भी खुदसे प्यार न कर पाए। जब ये अकेलापन काटने दौड़ता था, तब हम ज़िन्दगी के रंगों में खोते चले गए। सबके लिए कुछ न कुछ बन के रह गए, कभी दोस्त, कभी पेहचान के, पर खुद के लिए कुछ न बन पाए। अब ज़िन्दगी के इस मुकाम पे हैं, जहाँ खुदसे प्यार करना अनिवार्य बन गया है। वरना हम इस ज़िन्दगी में खुद के लिए भी नहीं बचेंगे, जो यूँहीं हिस्सों में बटते रहेंगे, खुदके लिए कुछ हिस्से भी न बचेंगे।

ये कवितायेँ ज़िन्दगी के नाम, मेरे श्याम के नाम।

1. ये गुलाब

ये गुलाब मेरे निस्वार्थ प्यार की निशानी नहीं,
दुनिया में कभी बने ज़ुबानी नहीं,
तेरे होने न होने की कहानी,
या किसी और के इकरार,
की ज़ुबानी नहीं।

हज़ारों के सामने,
बेख़ौफ़ इज़हार कर तो देंगे,
मगर क्या फ़ायदा,
जब बेख़ौफ़ होके,
हमें तुझे यूँ लुटानी भी नहीं।

ये कोई हमारी नादानी नहीं,
मगर हमारी इतनी भाग्यवान,
कहानी भी नहीं,
तेरा होना न होना,
मेरे काबू में नहीं,
मगर फिर भी ये ज़िन्दगी कामिनी,
मेरी ज़ुबानी नहीं।

तेरा मुझे सुनना न सुनना
भी मेरी काबीलियत में नहीं,
दिल का तक़दीर से,
कोई नाता है की नहीं,
इसका हमें कोई अंदाज़ा भी नहीं।

तेरे इरादों का,
मेरे मन से मिलने का,
कोई संभावना भी नहीं,
तू जो एक तलाक सुन ले मेरी,
तो मेरी खुसी का कोई ठिकाना नहीं,
तुझे होगा खूब गर्व खुदपे,
तू जो सजा है सबके मन मंदिर
और आँखों में,
पर किसका कितना कदर तेरे लिए,
इसकी क्या तुझे कोई समझ नहीं।

पता नहीं निचा दिखा रहा,
या खुदको श्रेष्ठ समझ रहा,
हमें इसका कोई अंदाजा भी नहीं,
मगर एक बात का पता है,
की मेरा ये तेरे लिए जो अनकहा समर्पण,
तुझे बिलकुल भी मंज़ूर नहीं,
क्या करें, तुझे जो मेरी ये सच्चाई की
कोई कदर नहीं।

-"I loved you"

2. डर

डर लगता है उसे,
ज़िन्दगी के बेमतलब प्यार से.

डर लगता है हमें,
उसके लापरवाही से,
उसके अनजानेपन से,
क्या करें,
बस दर लगता है,
जो कभी मेरा न हुआ,
उसे खोने से |

क्या हो अगर वो मिल जाए,
खुसी से ज़िन्दगी काट जाये,
या उसे खो देने के डर से,
सब बिखर जाए |

उसकी हँसी में छुपा हो दर्द,
या मेरे ख्वाबों में वो छुपा हो,
फिर भी डर उस पल से,
जब उसकी यादों में खो जाऊं।

क्या होगा जब वो बोले,
"तुमसे प्यार है मुझे,"
धड़कनों की रफ्तार थम जाएगी,
या एक और डर से जूझ जाऊं?

3. घुटन

जब न बोलके घुटते हैं, क्यूंकि
बोलके सब बिगाड़ देने का डर है,
तोह क्या करेंगे,
दिल और दिमाग को,
कैसे समझायेंगे,
जब बोलने से सारी बातें बिगड़ने लगे,
तो कितना चुप रहेंगे,
कितना और डरेंगे |

अगर वो बात मूर्ति की भांति कीमती है,
तो उसे कितना और संजोएँगे,
क्या वो खुद की खामोशियों में
खुद को भी समझ पायेंगे?
अगर सुनने वाले को
आपके भावनाओं की कदर है,
तभी तो आप अपनी भावनाएँ बोलेंगे,
या ऐसे ही किसी पे अपनी भावनाओं को
बर्बाद करेंगे |

उतनी शिद्दत से खुदको चाहें,

तो खुदको सवांर लेंगे,
क्या करें उनपे बर्बाद होके,
जो बुरे वक्त पे वो
आपका हाथ भी न थामेंगे |
क्या किसी के दिल में
सिर्फ मुस्कान बसा है,
या चुप्पी के साए में
सचमुच कोई इश्क़ छिपा है?
खुद से ही खुद को रुलाकर,
कब तक ये चुप्पी सहेंगे,
जब दीवारों से सहज हो जाएं,
तब खुद को ही समझने दीजिए।

4. आंखें

बोलने का क्या है,
लोग तोह कुछ भी बोलते हैं,

आँखों में क्या सजता है,
ये बस कुछ ही लोग देख पाते हैं|

तुम लाख इलज़ाम लगा लो,
इस दिल पे,
बातें तो
आँखों से ही,
इसकी छलकती है|

- "Beyond all bounds,
within and without,
with or without."

5. वो

वो आँखों की लाली भी है देखता,
वो आँखों के आँसू भी है देखता,
वो सब कुछ है समझता,
बस एक बात कैसे-
उसके जानकारी के बहार है,
हमारी धड़कन की बढ़ती तेज़ी,
का उसको पता नहीं चलता,
कैसे उसे मह्सूस नहीं होता,

मालूम है के ये मेरी कल्पना
भी है हो सकता,
मगर कोई गम नहीं,
इसी बहाने हमें उसके कल्पना,
में है रहने मिलता |

6. रंग

वो आई गुलाल के रंगों के साथ रंग लेके,
मेरे ज़िन्दगी में रंग भर दिया,
फिर जब गई तो सारा रंग मानो
फीका सा है,
जब खुदको अपना पता न मिला,
रंगों का कौन पूछेगा।

उसकी हंसी में बसी थी एक ताजगी,
सूरज की पहली किरणों की तरह,
अब छाया भी लगती है अजनबी |

जब भी देखा उसे, रंग बिखरे थे,
अब खाली कैनवास पे,
कोई रंग नहीं चढ़ा,
खुद को ढूँढते वो दिन,
बस यादों की तस्वीर में ठहरे।

7. शुक्रिया

चलो तुम्हे पता नहीं,
फिर भी शुक्रिया,
जो हमारे गम को खुसी में तब्दील किया,
तुम्हे दिल से शुक्रिया|

हमने सोचा था ये त्यौहार भी,
दुःख में बीत जायेगा,
मगर तुम लोगों ने,
मेरा गम भुला दिया,
मनो मुझे दूसरी ज़िन्दगी दे दिया|

8. कीमत

किसी चीज़ की कीमत उसे पूछो,
जिसने उस चीज़ को खोया हो,
क्योंकि,
जब तक पास होती है,
तब तक कदर नहीं होती,

खोने के बाद ही,
कदर का पता चलता है,

पर क्या करें जनाब,
तब वो आपके पास नहीं होती है |

9. सुकून

तुम्हारे कंधे पर सर रख कर
सुकून मिलता है, क्योंकि,
तुम्हे पता है की
हम सवालों के काबिल नहीं,
जब दुनिया के सवालों से
थके हरे होते हैं,
तब तेरा साथ
हमारे सारे दर्द मिटाता है |

10. बर्बाद

बर्बाद न करो खुदको,
किसी के आग मैं।

बर्बाद उनको होना है,
जो रुक गए बीच राह मैं।

पीछे मुड़के न हासिल होगा कुछ,
थक गए तो आराम करके,
फिर चल पड़ो अपनी खोज में।

खुदपे उड़ाई समय पे तरस न आए,
दूसरों पे लुटा दिया तो जीबन भर,
तू पछताते जाए।

11. अंजान

दिल हिफाज़त में है,
जब तक प्यार से अंजान है,

एक बार जान पहचान हो गयी,
तो खुदको बर्बाद करने के,
कगार पर खड़ा कर जाएगी।

एक बार जान पहचान हो गयी,
तो खुदकी बर्बादी से बस,
खुद ही बचा सकते हो।

12. टूटे दिल

टूटे दिल और जज़्बात का सहारा न बनो,
अगर उसके दर्द को सहने का साहस न हो।

बिखरे हुए को समेटा न करो,
अगर उसे तोड़ने का ही इरादा हो।

अगर किसीको अपना साहस दिया हो,
तो उससे वो साहस छिना न करो।

किसी टूटे हुए का साहस बने हो तो,
उसे मिलती ज़ख्मों से भगा न करो।

वो टूटे कांच की तरह है,
उसे समेटने के चक्कर में,
तुम्हे ज़ख़्म लग्न जायज़ है,
पर उसी ज़ख्म के बहाने,
उसे फिर से बिखेर के,
जाया न करो।

ये बिनती है मेरी,

की कृपा करके टूटे हुए जान को,
और बिखेरा न करो।

वो गुस्सा हो तो,
उसपे गुस्सा न किया करो।

बस एक बार,
बस एक बार,
बेइंतहां प्यार के रंगों से उसे,
ज़िन्दगी के रंगों में खुस रहना,
सीखा दिया करो।

डाँट फटकार से नहीं,
बस प्यार से,
बस प्यार से उसकी ज़िन्दगी,
भर दिया करो।

13. आप खुदा हो या खुदा ने आपको भेजा

प्यार का नहीं पता,
मगर इकरार बहुत है,
इज़हार का नहीं पता,
मगर यादें बहुत है।

प्यास तोह सबकी है,
और सबको बुझाने का ताक है,
मगर हम यहाँ मानो जैसे,
समंदर में दुबे हुए हैं।

प्यास का पता नहीं,
आपकी आँखों और होठों में,
खोये हुए हैं।

इरादें बहुत कुछ हैं,
इच्छाएं बहुत कुछ हैं,
कुछ पूरी होंगी, कुछ नहीं,
मगर आपके होने की खुसी,
सारे जहाँ की मिलने की खुसी है।

टूटे थे, बिखरे थे,
और जुड़ने की ताक में थे,
मगर सबसे अनकही इच्छा को भी,
आपने पूरा किया है।

आपने हमें खुदसे वाकिफ कराया है,
जो बचपन हम में कहीं खो गया था,
वो आपने हमें लौटा दिया है।

शायद आपके साथ गुम हो गया था,
और आपके साथ लौट आया है,
आपके वजह से,
हमने खुदको पाया है।

आप खुदा हो या खुदा ने है आपको भेजा,
ये बस आपको ही खबर है,
और उनको ही है पता।

हम बस बेखबर और बेशुमार,
प्यार की तरह है,
कहीं भी, कभी भी,
या तो मशहूर, या फिर बदनाम हैं।

14. ताक

युहीं ऐसे ही कहीं न कहीं,
हमने तोह सोच लिया था,
के आप सच में दुनिया से लढ़ लेंगे।

लेकिन आज तो आप,
घर वालों से भी न लढ़ पाए,
दुनिया से लढ़ना तोह बहुत दूर की बात है।

ये जो वादें, और सपने हैं,
उनपे भरोसा करना नहीं,
पता है क्यों?
क्यूंकि आप सेह नहीं पाओगे।

और देख के रहना,
ताक में सब रहते हैं जान लेने की,
इसका मतलब ये नहीं,
की हम सांस लेना भूल जाएं।

15. उसकी आवाज़

पता नहीं क्या हुआ है,
थम से गए हैं हम,
जिस किसी की आवाज़ चरों पेहेर गूंजती थी,
आज वो आवाज़ चुप्पी में तब्दील हो गयी है।

न कोई डोर था, न कोई ठिकाना,
पर आज कुछ ऐसा नाता जुड़ गया है,
की उसको इनकार करना भी,
नामुमकिन हो गया हो जैसे।

पता नहीं कौनसा रास्ता,
अभी हमारे नाम कुर्बान हैं,
इंतज़ार के बारे में सोचना दूर की बात है,
अब तो सोचने तक भी,
रुका नहीं जाता।

16. न जाइये अभी

हर दिन आपको मुलाकात की इंतज़ार रहता था,
हर दिन आपसे कुछ नया सीखने की भी,
इंतज़ार रहता था,
पर ये न जाने कभी सोचा न था,
के इस सफर का कोई अंत आना था।

वैसे तो आपने बहुत कुछ सीखा दिया,
पर ये मैं को कैसे मनाएं,
के अब ये सफर, सफर न रहा।

वो सारी हिम्मत सुन्न पड़ गई है,
बस ये सच्चाई सेहेन न होती है।

पता था आप बस सीखने सीखने तक का साथ दोगे,
पर अकेले लड़ना पड़ेगा इस बात को भूल गए थे।

अब बस ये दर डर सा रहता है,
के कहीं भूतकाल को न लौटना पड़े,
क्यूंकि बिना आपके सहारे के चलना ही न सीखा,
और अगर सीखा भी तो,

सहारे को ऐसे अचानक भूलना भी न सीखा।

अब बयां न कर पाएंगे,
के हालत कैसे हैं,
पूरी दुनिया के लिए बहाना,
और खुद क लिए मज़ाक हो गयी है,
पता नहीं,
बस पता नहीं कैसे होगी,
कल की ज़िन्दगी।

17. एहसास

जी के भी क्या जिया,
अगर कभी मनमानी न किया,
मर के भी क्या मरा,
जो कभी तूने था ही न जिया।

अगर आने की खुसी न हो,
तो जाने का गम क्यों है।

अगर जीने में एहसास न हो,
तो जीके भी क्या मतलब।

अगर आने की खुसी न दिखाई,
तो जाने का गम क्यों है।

कभी समय मिले तो सोचना,
की खुद में इतना कड़वापन क्यों है।

18. भाव बहुत है प्यार का

भाव बहुत है प्यार का,
सहेज से रहने वाला,
टिकाऊ यार मिलेगा क्या।।

जो सच का साथ दे,
और जिसका नशा से ज्यादा,
महत्त्व हम पे हो,
वैसा यार मिलेगा क्या।

जो झूट भी बोले तो,
गली सुनने का धैर्य रखे,
वैसा यार मिलेगा क्या।

जिसके लिए तुम्हारा वजूद,
समय से परे हो,
वैसा यार मिलेगा क्या।

19. गलत-सही

क्या गलत है क्या सही,
इसी द्वन्द में हम आजीवन रहे।

मगर नियति हमें गलत होके भी,
दूसरों के लिए जीना सीखा गयी।

वो प्रेम है, वो प्रीत है,
मगर हमारे भावनाओं को,
ज़िंदा रखती वो अकेला ज्योत है।

वो धरम है, वो भगवन है,
तुम्हारे पापों को धोती,
वो वही गंगा है।

चाहे जो हो जाए,
वो साथ है, उससे बात है,
मगर तेरे साँसों को गहरा कर रहा,
सो कुछ ऐसा ताकत है।

वो निस्छल है,

वो बेपरवाह है,
तेरी इंतज़ार में खोया हुआ ऐसे,
श्याम को ढूंढती जैसे मीरा है।

20. नापसंद

खुद को खुद ही इतने नापसंद थे की,
खुद को खुद ही में कहीं खो दिया,
अब खोने के बाद जब दुनिया रास न आई,
तो फिरसे खुदमें खोए हुए खुद को ढूंढने लगे।

तुम तो खुदमें खो गए,
अब हम क्या करें,
जो तुम में गुम हो गए,
हमको न तुम मिले,
न खुद में हम,

अब हुए लापता कहीं,
तुम में हम।

21. अनसुनी पुकार

जब सारा जूनून टूट जाए,
जब उससे आंखें मिलाइ न जाए,
तो कैसे जताओगे प्यार,
कैसे करोगे इकरार।

तो क्या करेंगे,
खोखली रिश्तों की डोरी का,
कैसे बताएं,
तेरी बातों से दिल भर आता है,
कैसे जताएं,
तेरी आवाज़ ने मन मोह लिया है,
क्या करें, क्या बोलें,
कैसे बोलें, क्या समझाएं।

अब पता नहीं,
खोने के डर से,
क्या जुर्म कर लिया है,
अपना बनाए रखने की ज़िद्द में,
अपने प्यार को तोड़ के,
रख दिया है।

अब न कहीं जाए,
न सही जाए,
जो दिल तुझे पुकारे,
वो पुकार भी अनसुनी जाए।

क्या छुपाना,
तेरे बिना ये दिल नहीं लगता,
तेरे ख्वाबों में खोना,
सपनों का रंग नहीं छूटता।

जब बारिशें कहीं रुकती हैं,
तेरे संग वो हर बूंद से मिलती हैं,
अब कैसे बयां करें,
तेरे बिना हर सुबह अधूरी सी लगती है।

जुदाई की कसक से,
ख़ामोशियों में आवाज छिपी है,
बस तेरा एहसास बाकी है,
यही मेरी आखिरी ख्वाहिश बसी है।

www.ingramcontent.com/pod-product-compliance
Lightning Source LLC
Chambersburg PA
CBHW070652240926
51846CB00003BA/884
* 9 7 8 9 3 7 5 4 3 3 5 5 2 *